Werner Färber

Geheimaktion für Besi

Total klasse!

Mit Bildern von Elisabeth Holzhausen

W0280801

Hase und Igel®

Für Lehrkräfte gibt es zu diesem Buch
ausführliches Begleitmaterial beim Hase und Igel Verlag.

Weitere Bände dieser Reihe:
Total klasse! Die 3a unter Verdacht
Total klasse! Klassenfahrt mit Stolpersteinen
Total klasse! Auf dem Schulweg erpresst
Total klasse! Kopfüber in die Meisterschaft
Total klasse! Die 3a im Fußballfieber

Informationen zum Autor Werner Färber
gibt es unter www.wernerfaerber.de

Dieses Buch erschien erstmals 2002 unter dem Titel
„E-Mail für alle“ bei arsEdition, München.
Es wurde für diese Ausgabe in Absprache mit dem Autor überarbeitet.

www.hase-und-igel.de
Coverentwurf und Reihensignet: Margit Kick
Druck: Himmer AG, Augsburg

ISBN 978-3-86760-128-3
1. Auflage 2011

1. Kapitel

Böse Überraschung

Im Computerraum herrscht konzentriertes Schweigen. Durch die geöffneten Fenster hört man leise die Geräusche einer entfernten Baustelle. Drinnen klackern die Tasten. Ab und zu ein Stöhnen, wenn etwas nicht klappt. Hier und da ein Kichern. Zu Beginn der Doppelstunde an diesem Freitag hat Frau Besenbinder jedem Kind der Klasse 3a eine eigene E-Mail-Adresse zugeteilt. Den Umgang mit E-Mails haben alle schnell kapiert. Schon seit über 20 Minuten verschicken die Kinder elektronische Briefe. Bis jetzt hat noch niemand die verordnete Stille gebrochen.

Die meisten schreiben an die Lehrerin. Frau Besenbinder kommt kaum nach, die viele Post zu beantworten. *Vielen Dank für deine E-Mail*, schreibt sie an Ilona, die ihr einen Blondinenwitz gemailt hat. *Sobald ich Zeit habe, werde ich über den Witz lachen. Aber erst muss ich weitere E-Mails beantworten. Hilfe! Alle schreiben mir! Meine Tasten qualmen! Tschüss*

„Wer hat mir denn den Mist geschickt?“, platzt Ulli in die Stille, nachdem er seine Post gelesen hat: *Der Ulli, der Ulli, der ist ein doofer Schnulli.*

Frau Besenbinder hält ihren Zeigefinger an die Lippen.

„Ist doch wahr“, mault Ulli weiter. „Wenn mir jemand so einen Blödsinn schreibt.“

Per Zeichensprache macht Frau Besenbinder Ulli deutlich, dass er auf seinen Bildschirm blicken soll. Von ihrem Platz aus kann sie sich mit jedem Kind schriftlich unterhalten.

Reg dich ab, Ulli! Wer hat dir denn geschrieben?, kann Ulli Besis Nachricht auf seinem Bildschirm

lesen. Ulli wirft einen Blick auf den Absender. Wie üblich nur eine Abkürzung: AK007. „Weiß ich doch nicht!“, ruft Ulli quer durch den Raum. „James Bond vielleicht?“, fügt er wegen der 007 hinzu.

Noch einmal hält Frau Besenbinder ihren Finger an die Lippen. Dann schreibt sie Ulli: *Sei nicht so denkfaul. Wer hat denn die Anfangsbuchstaben AK? Wenn dir die E-Mail nicht gefällt, schreib einfach zurück, was du davon hältst.*

Die Benutzernamen setzen sich jeweils aus dem ersten Buchstaben des Vor- und Nachnamens zusammen. Dahinter steht eine dreistellige Ziffern-

folge. Ulli hat UM für Ulli Müller und 003, weil er das dritte Kind an der Schule ist, dessen Initialen U und M lauten. Aber wer ist AK007? Ulli sieht sich im Klassenzimmer um. Ach ja, Anton Klapperstück! Der bekommt eine Antwort, die sich gewaschen hat. *Der Klapperstück, der Klapperstück, braucht nächste Pause mächtig Glück!*, droht Ulli per E-Mail.

Nachdem sich auch Ulli wieder aufs Tippen konzentriert, sind erneut nur die klackernden Tasten zu hören.

Leo wirft einen neidischen Blick zu Wolfram hinüber. Während er selbst mühsam Buchstaben für Buchstaben im Einfinger-Suchsystem eingibt, huschen Wolframs Finger flink über die Tastatur. Am Computer ist Wolfram den anderen meilenweit voraus. Im Moment gibt er nebenbei alle E-Mail-Adressen der Klasse in sein Verzeichnis ein.

Als vom Schulhof plötzlich lautes Geschrei in den Computerraum dringt, stürzen fast alle gleichzeitig an die Fenster. Selbst Frau Besenbinder erhebt sich von ihrem Platz.

Eine Horde Viertklässler rennt johlend über den Rasen. Der Erste lenkt eine Schubkarre mit

Gartenwerkzeug. Das dicke Gummirad hüpft über den holprigen Untergrund. Ein Rechen wird aus der Blechwanne gerüttelt, dann eine Hacke. Schließlich fliegt in hohem Bogen eine Heckenschere ins Gras.

„Wo wollen die mit dem ganzen Zeug hin?“, fragt Ilona.

„Die Vierer als Gartenzwerge“, spottet Ulli.

„Anhalten!“, ruft im selben Moment der Hausmeister. Mit wehendem Arbeitsmantel eilt er hinter den Kindern her. „Was gibt's zu glotzen?“, schnauzt er zu den Fenstern des Computerraums hinauf. Hastig sammelt er Laubrechen, Hacke und Heckenschere ein und rennt weiter. „Anhalten! Sofort!“

„Putzig! Putzig!“, feuert Murat den Hausmeister an.

Ein paar stimmen mit ein. Der Hausmeister, der eigentlich Pelzig heißt, ist nicht besonders beliebt. Bis vor Kurzem waren seine Schimpfattacken fast ausschließlich gegen die 3a gerichtet. Seitdem jedoch einige aus der 4b nachweislich Äpfel aus seinem Garten geklaut haben, sind auch die Vierer in den Kreis seiner Lieblingsfeinde aufgestiegen.

„Hoffentlich erwischt Putzig sie nicht", meint Eleonore.

„Meinetwegen kann er sie kassieren", mault Leo. „Immerhin wollten sie uns ihren Apfelklau in die Schuhe schieben."

Eleonore bleibt dabei: „Von Putzig verhaftet zu werden, ist trotzdem fies."

„Nun geht mal wieder auf eure Plätze", fordert Frau Besenbinder die Kinder auf. „Das Schauspiel ist vorüber."

Ulli und Murat bleiben noch am Fenster stehen. Murat hat bemerkt, dass Putzig sein Notizheft verloren hat. Der Hausmeister führt in diesem Heft eine Strichliste mit den Untaten aller Kinder. Das weiß die ganze Schule. Im Moment steht die 3a mit hauchdünnem Abstand an zweiter Stelle von Putzigs Sündenregister. Hinter der 4b.

„Das holen wir uns", flüstert Murat.

Doch daraus wird nichts. Ein verspäteter Viertklässler kommt um die Ecke, bückt sich und steckt das Heft unters Hemd.

„Hoffentlich gibt es der Trottel nicht zurück“, sagt Ulli.

„So blöd ist ja wohl keiner“, erwidert Murat.

Ulli verdreht die Augen. „Bei einem aus der 4b weiß man nie.“

Murat, dem inzwischen die merkwürdige Stille in seinem Rücken aufgefallen ist, stößt Ulli mit dem Ellbogen in die Seite. Kein Flüstern mehr, kein Kichern, kein Klackern. Mit verlegenem Grinsen drehen sich die beiden um.

Besi sitzt mit verschränkten Armen auf ihrem Stuhl. „Würden sich die beiden Herren freundlicherweise wieder um ihre Post kümmern?“

„Ähm – machen wir doch“, antwortet Ulli.

Die Lehrerin sieht ihn zweifelnd an. „Ach ja? Am Fenster?“

„Ja, wir warten auf unsere Brieftauben.“ Ulli hebt entschuldigend die Hände. „Ich weiß auch nicht, wo die heute bleiben. Sie müssten längst zurück sein.“

Lächelnd schickt Frau Besenbinder die beiden Jungen auf ihre Plätze zurück. Sie blickt auf die

Uhr. Die Stunde ist gleich vorüber. „Wer einen Computer hat, kann übers Wochenende noch ein paar Mails verschicken“, lautet die Hausaufgabe.

„Egal wohin?“, fragt Pia.

„Die ganze Welt steht euch offen“, antwortet die Lehrerin.

Wolfram meldet sich. „Kann ich Ihre private E-Mail-Adresse haben?“

„Ja, erwarte aber bitte keine schnelle Antwort. Ich wohne immer noch zur Untermiete und habe keinen Festnetzanschluss“, erklärt Frau Besenbinder. „Und mit dem Dschungel der Mobiltarife fürs Internet habe ich mich noch nicht einmal befasst. Ich checke meine E-Mails hauptsächlich über den Schulserver.“

„Aber so ein Anschluss ist doch schnell gelegt“, sagt Wolfram. „Und mit einer Flatrate können Sie endlos im Internet surfen.“

Frau Besenbinder nickt. „Danke für den Hinweis. Sobald ich umgezogen bin, werde ich mich darum kümmern.“

„Worauf warten Sie eigentlich noch?“, hakt Ilona nach, denn Frau Besenbinder beklagt sich nicht zum ersten Mal darüber, dass sie noch keine eigene Wohnung hat.

„Ich muss erst wissen, ob ich wirklich hier bleibe."

Oskar reagiert überrascht. „Soll das heißen, Sie gehen vielleicht wieder weg?"

„Sie sind doch erst seit den Ferien bei uns!", ruft Ilona.

Leo verschränkt die Arme. „Dann hau ich auch ab."

Frau Besenbinder beißt sich auf die Unterlippe. Sie hat sich verplappert. „Es ist nicht sehr wahrscheinlich, dass ich wegmuss", versucht sie die Klasse zu beruhigen. „Theoretisch kann ich allerdings versetzt werden. Ich bin nur deswegen an eure Schule gekommen, weil eine Kollegin für längere Zeit ausfällt – als Vertretung sozusagen."

Obwohl es zur Pause klingelt, bleiben die Kinder sitzen.

„Mögen Sie uns nicht?" Eleonore klingt fast sauer.

„Die Frage habe ich ja wohl überhört." Die Lehrerin stößt einen Seufzer aus. „Im Schuldienst wird man gerne hin und her geschoben. Es sei denn, man hat einen Pflegefall in der Familie – oder man ist verheiratet."

„Dann heiraten sie doch", schlägt Katharina vor.

„Gute Idee", stimmt Leo zu.

Murat singt die ersten Takte des Hochzeitsmarsches: „Damm, damm, dadaaa – damm, damm, dadaaa." Das ist im Augenblick Mode. Vor allem, wenn ein Junge häufig mit demselben Mädchen spielt.

„Ist das ein Antrag?", wendet sich die Lehrerin an Leo.

Leos Gesicht nimmt die Farbe einer reifen Tomate an. Natürlich findet er Besi klasse. Aber gleich heiraten? Außerdem gibt es da noch ein anderes Mädchen. Bevor ihm eine Antwort einfällt, klopft es an der Tür. Frau Besenbinder soll ins Sekretariat kommen. Ein Anruf für sie.

2. Kapitel

Ab ins Fernsehen

„Glaubt ihr, Besi wird wirklich versetzt?“, fragt Eleonore.

Die 3a hat sich bei den Büschen unter den Fenstern ihres Klassenzimmers versammelt. Die Kinder hatten bisher keinen Schimmer, dass ihre Lehrerin nur zur Vertretung an die Schule gekommen ist.

„Dass man uns nie sagt, was Sache ist“, empört sich Ilona.

„Ja, echt gemein“, stimmt Oskar zu.

„Hört auf zu jammern“, meint Ulli. „Wir sollten uns lieber was einfallen lassen, wie wir Besi behalten können.“

„Wenn sie ihrer kranken Oma helfen müsste“, äußert Eleonore ihre Gedanken laut, „könnte Besi nicht einfach versetzt werden.“

„Vielleicht kann sie eine adoptieren?“, schlägt Leo vor.

Murat zeigt ihm einen Vogel. „Eine kranke Oma adoptieren. Du hast ja wohl ein Rad ab.“

„Dann muss sie eben doch heiraten“, sagt Katharina.

Ulli schneidet eine Grimasse. „Prima Idee – und wen?“

Sichtlich genervt funkelt Katharina ihn an. „Weiß ich doch nicht. Wir können ja einen Mann für sie suchen.“ Sie meint es wirklich ernst.

Ein paar tippen sich an die Stirn, andere schütteln den Kopf. Jana allerdings greift Katharinas Idee auf. „Besi könnte doch in eine dieser Fernsehsendungen gehen, bei denen sich Leute kennenlernen.“

„Super Idee!“ Tina ist begeistert. „Meine Eltern haben sich auch in so einer Sendung getroffen, bei *Herzblatt*!“

„Herzblatt?“, fragen einige Kinder gleichzeitig.

Tina nickt. „Gibt’s aber schon länger nicht mehr. Da wurden drei Männer hinter einer Wand versteckt und Mama durfte ihnen Fragen stellen. Am Ende hat sie sich für Papa entschieden. Wir haben das auf DVD. Voll cool.“

„Deine Eltern haben sich im Fernsehen kennengelernt?“, fragt Oskar.

Tina nickt und grinst. „Bald danach hat’s mich gegeben.“

„Es stimmt also doch“, erwidert Oskar trocken.

„Was?“

„Dass zu viel Fernsehen großen Schaden anrichtet.“

Während Tina den Witz auf ihre Kosten nicht kapiert, kringeln sich ein paar andere vor Lachen.

„Wenn's diese *Herzblatt*-Sendung nicht mehr gibt, könnte Besi auch bei *Bauer sucht Frau* mitmachen“, schlägt Anton vor.

Oskar lacht. „Und wie willst du sie vor die Kamera kriegen? Gefesselt und geknebelt?“

„Wir schicken eine Bewerbung in ihrem Namen“, sagt Anton. „Dann wird sie eingeladen.“

„Ihr spinnt“, meint Oskar knapp.

Jana hingegen ist sofort dafür. „Ich finde das gut. Wer macht mit?“

Dragan, Ulli und Murat wollen Jana und Anton unterstützen, Besi ins Fernsehen zu bringen.

Ilona winkt ab. „Das funktioniert nie.“

„Und wenn doch, passiert garantiert das Falsche“, wendet Naomi ein. „Stellt euch vor, Besi verliebt sich in einen Typen, der sonst wo wohnt. Dann zieht sie erst recht weg. Wir müssen hier einen finden.“

„Schlag einen vor", sagt Eleonore.

Naomi zuckt mit den Schultern. „Es kann doch nicht so schwer sein, einen Mann für Besi zu finden. Sobald wir einen haben, laden wir die beiden zum Essen ein. Ganz romantisch. Mit Kerzen ..."

„... und Blumen ...", fällt ihr Stefanie ins Wort.

„... und leiser Musik", säuselt Oskar.

Wolfram bleibt skeptisch. „Ihr habt sie ja nicht mehr alle. Das kostet doch irre viel. Wer soll das bezahlen?"

Für Eleonore ist das keine Frage. „Der Bräutigam natürlich."

Naomi glaubt, die Lösung des Problems gefunden zu haben. „Ich frag Mama. Die arbeitet im *Dolomiti*. Eis essen ist nicht so teuer."

Ilona, Stefanie, Oskar, Eleonore und Naomi sind überzeugt, dass sie mit einem romantischen Treffen bei Kerzenschein etwas bewegen können. Einige andere sind dagegen. Es geht wild durcheinander. Die Grundidee finden allerdings fast alle total klasse: Besi braucht einen Mann.

„Ist doch egal, welche Idee die bessere ist", sagt Eleonore schließlich. „Naomis Mama soll einfach einen Tisch reservieren. Für nächsten Frei-

tagabend um sechs. Wer bis dahin einen Mann für Besi findet, hat gewonnen."

„In einer Woche?" Ulli ist empört. „Das ist viel zu knapp für die Fernsehsache."

„Euer Problem", sagt Oskar ungerührt.

„Und worum geht es bei der Wette?", fragt Dragan.

„Um Besi natürlich", antwortet Eleonore.

„Die Gruppe, die einen Mann für Besi findet, bekommt von den anderen ein Eis", schlägt Oskar vor.

Dragan glaubt, er hört nicht richtig. „Ein Eis für fünf Leute?"

„Blödsinn", entgegnet Oskar. „Natürlich für jeden eins. Mit drei Kugeln."

Ganz offensichtlich sind alle einverstanden. Nur Wolfram glaubt nicht daran, dass sie das Problem aus der Welt schaffen, indem sie ihre Lehrerin verheiraten. Die Sache ist ihm viel zu unsicher. „Wir müssen uns noch was anderes einfallen lassen."

Katharina wirkt ratlos. „Und was?"

„Wenn ihr mal eine Minute Ruhe geben würdet", sagt Wolfram, „könnte man vielleicht mal darüber nachdenken."

Die gewünschte Ruhe bleibt ihm jedoch verwehrt. Die halbe Klasse 4b steuert im Schlepptau ihres Lehrers, Herrn Gerhard, auf die Gruppe zu.

„Was wollt ihr denn hier?“, werden die Vierer empfangen.

„Ist das euer Schulhof?“, blafft einer der Großen. Er wendet sich an seinen Lehrer: „Hier wäre doch ein prima Platz.“

„Ein prima Platz wofür?“, fragt Oskar.

„Dich hat keiner gefragt“, schnauzt der Wortführer der 4b den Klassensprecher der Dreier an.

Murat hält ihm drohend die Faust entgegen. „Pass auf, die riecht nach Krankenhaus.“

„He, he, he!“, ruft Herr Gerhard. „Nun mal langsam, Kinder. Der Schulteich wird schließlich für alle angelegt.“

„Welcher Schulteich?“, hakt Ilona nach.

„Wir suchen nach einem geeigneten Platz“, erklärt Herr Gerhard. „Wir wollen einen Schulteich anlegen.“

Oskar tritt einen Schritt vor. „Einen Teich? An unserem Treffpunkt?“

„Na und?“, fragt einer der Vierer.

Murat glaubt zu wissen, was hier gespielt wird. „Ihr wollt nur hierher, um uns eins auszuwischen.“ Am breiten Grinsen einiger Vierer lässt sich ablesen, dass er ins Schwarze getroffen hat.

Herr Gerhard versucht, die Wogen zu glätten. „Bis jetzt sehen wir uns nur um.“ Er fordert seine Klasse zum Gehen auf.

„Sind Sie verheiratet, Herr Gerhard?“, ruft Naomi hinter ihm her.

Überrascht dreht sich der Lehrer noch einmal um. „Ja, wieso?“

Naomi zuckt mit den Schultern. „Nur so.“

„Der Gerhard? Spinnst du?“, wendet sich Anton an Naomi, nachdem die Eindringlinge weit genug entfernt sind. „Besi verdient was Besseres als den Klassenlehrer der 4b.“

„Reg dich ab, er kommt ja sowieso nicht infrage“, sagt Naomi.

Wolfram kann es nicht fassen. „Ihr spinnt doch alle.“

3. Kapitel

Ein Kater wie Waldi

Katharina hat Wolfram am Freitag gebeten, ihr beim Einrichten ihres neuen Computers zu helfen. In ihrer Familie kennt sich nur ihr großer Bruder damit aus, und der ist noch drei Wochen im Urlaub.

Wolfram ist noch nie bei Katharina gewesen. Als er am Samstagnachmittag zu ihr will, geht er suchend durch die Straße. Erst als er leises Geigenspiel hört, ahnt er, welches das richtige Haus sein könnte, und entdeckt am Zaun die Hausnummer, die von dichtem Efeu fast verdeckt ist. Wolfram drückt die Klingel neben dem Eisentor. Das entfernte Geigenspiel bricht ab, kurz darauf quäkt Katharinas verzerrte Stimme aus der Sprechanlage. „Wolfram?“

„Ja.“

Ein Surren, das Schloss schnappt auf, Wolfram tritt in den riesigen Garten. Etwa eine Sportplatzbreite entfernt öffnet Katharina die Haustür. Sie verabschiedet einen Mann, der Wolfram auf halbem Weg begegnet.

„Wer war das denn?“, fragt Wolfram, als er bei ihr ankommt.

„Mein Geigenlehrer“, antwortet Katharina. „Gut, dass du endlich da bist. Der wollte heute noch länger machen. Als Ausgleich. Weil die Stunde am Donnerstag seinetwegen ausgefallen ist.“

Sie führt Wolfram ins Obergeschoss, wo sie zwei Zimmer und ein Bad für sich allein hat. Wolfram bleibt fast der Mund offen stehen. Eines der Zimmer verfügt sogar über einen Balkon. Als Wolfram die Kartons mit den Geräten sieht, hat er noch mehr Grund zu staunen: Computer, Scanner, Bildschirm, Drucker – alles erste Sahne. Obenauf liegt schlafend eine rot getigerte Katze.

Katharina hält Wolfram einen Umschlag hin. „Ich hab gestern noch schnell meinen Bruder angerufen. Er hat gesagt, dass du den hier bestimmt brauchst."

Wolfram wirft einen Blick in den Umschlag. „Super! Die Zugangsdaten für euren WLAN-Router." Er wendet sich an die Katze. „Tut mir leid, Dicke, du musst jetzt da runter. Wie heißt du denn?"

„Die Dicke ist männlich und heißt Vivaldi", antwortet Katharina anstelle des Katers.

„Waldi ist doch ein Hundename."

Katharina lacht. „Nicht wie Waldi, sondern Vivaldi. Das ist ein toter Komponist, von dem ich immer Stücke spielen muss."

„Ach so, der", sagt Wolfram, obwohl er keinen Schimmer hat, wovon Katharina redet. Behutsam versucht er, Vivaldi von den Kartons zu heben. Zack, hat der Kater seine Krallen auf Wolframs Handrücken verewigt. „Aua, das Mistvieh kratzt ja!"

Fauchend richtet sich der Kater auf. Auge in Auge mit dem Fremden macht er einen gewaltigen Buckel.

„Vivaldi!", ermahnt ihn Katharina streng.

Der Kater sieht sie kurz an, reckt unschuldig seinen Hals, streckt sich dann mit aller Gelassen-

heit und springt schwungvoll von den Kisten. Den erhobenen Schwanz so dick wie eine Flaschenbürste trollt er sich majestätisch aus dem Zimmer.

Wolfram atmet auf. Für einen Augenblick hat er damit gerechnet, dass der Kater ihm ins Gesicht springt.

Tröstend pustet Katharina Wolframs Hand. „Tut es sehr weh?"

Er schüttelt tapfer den Kopf. „Brennt nur ein bisschen."

Wenig später steckt Wolfram unzählige Stecker in ebenso viele Anschlussbuchsen.

„Ich wüsste nie, wo die alle hingehören", sagt Katharina.

„Ach, die passen fast immer nur an einer Stelle. – Wie ist eigentlich dein Fidelfritze?"

„Ganz nett. Ohne Herrn Viola hätte ich meine Geige längst in den Kamin gedonnert. Willst du mit Geige anfangen?"

„Quatsch. Ich mein ja nur. Als Mann für Besi."

„Moment mal. Gestern warst du noch vollkommen dagegen."

„Deswegen frag ich ja. Wenn wir schon einen Mann suchen, dann wenigstens einen netten", antwortet Wolfram, während er weiter die Programme einrichtet. „Mist", schimpft er schließlich. „Ich brauch die Hotline."

„Die was?"

„Hotline ist englisch und bedeutet heißer Draht. Da kann man anrufen und sich technischen Rat holen."

Von Wolframs Gespräch mit dem Techniker versteht Katharina nicht einmal die Hälfte. Computerchinesisch. Sie trägt die leeren Kartons hinaus und stapelt die vielen Anleitungen und Broschüren auf dem Schreibtisch. Dabei stößt sie auf die Visitenkarte ihres Geigenlehrers.

Wolfram hat sein Telefongespräch inzwischen beendet und haut erneut in die Tasten. Endlich lehnt er sich zurück. „Du kannst loslegen. Die Kiste läuft."

„Kann ich auch schon E-Mails verschicken?", fragt Katharina.

Wolfram nickt. „Klar", antwortet er nicht ohne Stolz.

„Dann lass mich mal ran." Katharinas erste E-Mail von ihrem eigenen Computer geht an die Lehrerin:

Liebe Frau Besenbinder,
Sie haben mir erzählt, dass Sie Geige spielen und noch einen Geigenlehrer suchen. Tausendmal habe ich vergessen, Ihnen Herrn Violas Telefonnummer zu geben. Jetzt kommt sie per E-Mail …

Wolfram liest am Bildschirm mit. „Glaubst du eigentlich im Ernst, dass sie ihn jetzt gleich heiratet?“, fragt er am Ende.

„Weiß man’s?“, erwidert Katharina. Sie klickt auf *Senden* und fährt den Computer herunter. „Und jetzt gehen wir Eis essen.“

„Ich bin blank.“

„Du hast eine Belohnung verdient. Das spendieren garantiert meine Eltern. Ich muss es nur auslegen.“

4. Kapitel

E-Mail aus Kairo

Katharina will eben noch eine Nachricht an ihre Eltern schreiben, als jemand an der Gartenpforte klingelt.

Sie drückt die Taste an der Sprechanlage. „Wer ist da?“

„Ich bin’s, Leo“, hören sie Leos Stimme. „Und Pia. Wolframs Mama hat gesagt, dass er bei dir ist. Wir würden ihn gern was fragen.“

Katharina drückt den Öffner und wartet mit Wolfram vor der Haustür. Schon von Weitem können sie erkennen, dass Pia sehr blass ist. Ihre Augen sind gerötet.

„Ist bei dir jemand gestorben?“, fragt Wolfram.

„Noch nicht“, sagt Pia leise. „Den hab ich von meiner Freundin bekommen. Per E-Mail.“ Sie hält Wolfram ein Blatt hin und zieht ihre Schniefnase hoch.

Wolfram erkennt schnell, dass es sich um einen Kettenbrief handelt, und lässt sich auf der Treppe nieder. Katharina setzt sich eine Stufe höher und liest mit. Am Anfang steht das übliche Blabla, dass dies ein ganz besonderer Kettenbrief sei.

Wenn man ihn nicht an zehn Freunde weiterschicke, könnten allerhand schreckliche Dinge passieren: Einem Mädchen, das die Kette nicht innerhalb von fünf Tagen fortgesetzt hat, sei der Hund unter ein Auto gelaufen. Einem Jungen seien die Eltern verunglückt. Beide tot. Und ein weiteres Mädchen habe zwei Wochen später erfahren, dass ihre Freundin, deren Kettenbrief sie nicht ernst genommen habe, an Krebs erkrankt sei.

Wolfram fasst sich an den Kopf. „Die wollen einem einreden, dass man schuld ist, wenn eine Freundin Krebs bekommt?“ Er schaut zu Pia, die aussieht, als hätte sie gerade alle Verwandten verloren. „Pia! Du glaubst das doch nicht etwa?“

„Deswegen sind wir ja gekommen“, erwidert Leo leise.

„Du musst mit deiner Freundin reden“, sagt Wolfram.

Pia schüttelt den Kopf. „Sylvia wohnt in Ägypten. Sie ist letzten Sommer nach Kairo gezogen.“

„Dann schreib ihr, was du von dem Ding hältst“, beharrt Wolfram.

„Ich will aber nicht, dass sie Angst hat, meinetwegen Krebs zu bekommen“, sagt Pia.

Katharina fasst sich an die Stirn. „Aber das ist doch Quatsch!“

„Genau“, bestätigt Wolfram entschieden. „Völlig hirnverbrannt.“

„Denk ich ja eigentlich auch.“ Pia schluchzt. „Aber was ist, wenn doch was dran ist?“

Wolfram und Katharina schauen sie betroffen an. Leo streicht ihr tröstend über den Rücken.

„Wie wär's, wenn wir …" Wolfram bricht mitten im Satz ab. „Hast du mal Papier und Bleistift?"

„Klar. Was hast du vor?", fragt Katharina.

„Wir denken uns selbst einen Kettenbrief aus", antwortet Wolfram. „Einen, bei dem sogar der letzte Trottel merkt, dass er absoluter Quatsch ist."

Auf dem Weg nach oben erläutert Wolfram seine Idee. Katharina will nicht so recht daran glauben, dass ein Kettenbrief gegen Kettenbriefe hilft. Trotzdem macht sie mit. Je mehr dummes Zeug die vier erfinden, umso lockerer kann Pia den Brief ihrer Freundin sehen. Am Ende liest sie den fertigen Kettenbrief vor:

Dies ist kein Kettenbrief. Wer ihn trotzdem abschickt, dem fallen die Finger ab. Diese Zeilen tippe ich mit meiner Nase. Zur Strafe ist mir im Gesicht eine Gurke gewachsen, die immer größer wird. Seitdem gibt es bei uns jeden Tag Gurke, Gurke, Gurke. Anstelle meiner Finger habe ich inzwischen Lakritzstangen. Wenigstens Nägelkauen macht jetzt endlich Spaß. Aber die Propellerohren, die mir gewachsen sind, weil ich den Brief eine Viertelsekunde zu spät weitergeschickt habe, kann ich nicht ausstehen. Sie zerfetzen einfach alles, was in ihre Nähe kommt: Mützen, Kappen, Haare. Sieht ziemlich doof aus. Sobald du diesen Brief gelesen hast, vernichtet er dich von selbst. (Was ich dir sehr gönne, wenn du so blöd bist, den ganzen Mist zu glauben.) Solltest du doch überleben, schicke den Brief unbedingt gestern an 9999999 Freunde. Einer zu viel oder einer zu wenig und du bist verloren. Dies ist kein Kettenbrief. Mit Gurkengrüßen

„Ich tippe ihn noch heute am Computer und schick ihn dir nach Hause“, sagt Wolfram. „Und wenn du ihn weiterleitest, schreibst du deiner Freundin, dass du bei solchen Kettendingern nicht mitmachst.“

Pia atmet tief durch und ringt sich ein Lächeln ab. Leo legt seinen Arm um ihre Schulter und drückt sie fest.

„Damm, damm, dadaaa – damm, damm, dadaaa“, singen Wolfram und Katharina.

„Ach, hört doch auf!“ Leo läuft rot an.

Pia zuckt mit den Schultern und sieht ihm tief in die Augen. „Lass sie doch.“

Er wird noch röter.

Wolfram ist auf dem Heimweg nicht wirklich zufrieden. Er hat zwar einen Computer eingerichtet und Pia geholfen, aber was Besi anbelangt, sind sie immer noch keinen Schritt weiter. Obwohl er selbst Katharinas Geigenlehrer ins Spiel gebracht hat, will Wolfram nicht glauben, dass die Suche nach einem Mann etwas bringt. Es muss noch einen anderen Weg geben. Er spürt auch, dass er dicht dran ist. Den ganzen Abend versucht er die Idee, die durch seinen Kopf spukt wie eine Nebelwolke, endlich zu fassen. Schließlich gibt er auf und setzt sich an den Computer, um wie versprochen den Kettenbrief ins Reine zu schreiben. Als er fertig ist, macht es in seinem Kopf endlich klick. Plötzlich weiß er, was er unternehmen kann, um eine Versetzung Besis zu verhindern. Er schreibt noch einen Kettenbrief.

5. Kapitel

Coppa Amore

Am Montagvormittag ist der Wettbewerb „Ein Mann für Besi“ Gesprächsthema Nummer eins. Gruppenweise stecken die Kinder ihre Köpfe zusammen.

Ilona, Stefanie, Oskar, Eleonore und Naomi, die sich inzwischen die Gruppe *Coppa Amore* nennen, haben bereits am Freitag begonnen, ihre Pläne umzusetzen. Sie verabredeten sich im *Dolomiti*, um bei Naomis Mutter einen Tisch zu reservieren. Für den nächsten Freitag um 18:00 Uhr. Dass sie im Augenblick der Reservierung noch keinen geeigneten Mann hatten, störte sie wenig. Sie ließen sich beraten, welcher Eisbecher für Verliebte am besten sei.

„Für Verliebte?“, fragte Naomis Mutter überrascht. „Was habt ihr denn vor?“

„Das ist noch geheim“, antwortete Ilona schnell.

„Also, für Verliebte muss ich ganz klar den *Coppa Amore* empfehlen.“ Naomis Mutter zeigte ihnen die Abbildung in der Eiskarte.

„Was heißt *Coppa Amore*?“, wollte Ilona wissen.

„Liebesbecher“, sagte Naomis Mutter mit funkelnden Augen.

Die Kinder nickten. Doch, das passte!

Im Übrigen war die Bezeichnung „Becher“ weit untertrieben. In der Karte war eine Glasschüssel abgebildet, in der sich die Eismassen türmten wie in den Gletschergebieten der Antarktis. Der *Coppa Amore* war mit allen erdenklichen Früchten und unzähligen Herzchen garniert. Ein kleiner Papierschirm steckte wie ein Gipfelkreuz auf der Spitze des Eisbergs. Unter dem Schirmchen lag rücklings ein Glücksschwein. Die rosa Beinchen hatte es lässig übereinandergeschlagen, aus dem Mundwinkel ragte ein winziges Kleeblatt – natürlich vierblättrig. Zur Linken des Eisgebirges floss Himbeersoße zu Tal. Die rechte Seite war mit Schokoladensoße übergossen. Die Krönung bildeten ein halbes Dutzend Wunderkerzen. Einfach gigantisch. Selbstverständlich wurde der *Coppa Amore* mit zwei Löffeln serviert.

„Habt ihr gesehen, was das Ding kostet?“, fragte Oskar, als sie wieder draußen waren. Der Preis des *Coppa Amore* war schwindelerregend.

Liebe
Love
Love

Ilona stieß einen Seufzer aus. „Ich fürchte, wir müssen eine Bank überfallen."

„Tolle Idee", erwiderte Eleonore. „Regt euch ab. Wir haben noch eine ganze Woche, um die Kröten aufzutreiben."

„Und wie finden wir in dieser Zeit einen Mann?" Damit brachte Ilona alle zum Schweigen.

Sie setzten sich in der Grünanlage gegenüber auf die Wiese und aßen in der warmen Sonne das Eis, das sie sich zum Abschluss ihres Besuches gegönnt hatten.

Eleonore beobachtete die Passanten. Vielleicht war unter denen ein geeignetes Modell. Ein Rentner mit Kugelbauch und Hund. Ein Stadtstreicher, der trotz der warmen Temperaturen einen dicken Wintermantel trug. Ein paar Jugendliche, die Frisbee spielten. Zwei Polizisten auf Streife. Der eine wischte sich gerade den Schweiß von der Glatze, der andere war lang und dürr. Nein – die passten alle nicht zu Besi.

„Ich hab's." Ilona sprang auf und stellte sich vor die anderen. „Wir lassen eine Typberatung machen."

Oskar kapierte nicht, was sie meinte. „Eine was?"

„Typberatung“, wiederholte Ilona. „Wir nehmen ein Foto von Besi mit in einen Schönheitssalon und lassen uns beraten, welcher Typ zu ihr passt.“

„Hast du ein Foto von Besi?“, fragte Oskar.

Ilona schüttelte den Kopf.

„Außerdem geht es bei einer Typberatung nicht um Männer“, erklärte Stefanie. „Es geht darum, welche Klamotten und Frisuren zu dir passen und welche nicht.“

„Dann eben nicht.“ Ilona ließ sich wieder ins Gras sinken.

Erneutes Schweigen.

„Moment mal“, sagte Eleonore schließlich. „Meine Schwester hat einen Partnertest zu Hause. Auf CD.“

Oskar traute seinen Ohren nicht. „Wie bitte?“

„Einen Partnertest. Aus einer Zeitschrift. Auf dieser CD sind jede Menge Fragen drauf. Wie der Traumtyp aussehen soll und so.“

„Und wie stellst du dir das vor?“, fragte Ilona. „Guten Morgen, Frau Besenbinder. Bitte beantworten Sie die Fragen auf dieser CD und teilen Sie uns mit, wie Ihr Traummann aussieht, oder was?“

„Blödsinn", antwortete Eleonore. „Wir sehen uns den Test selber an, suchen die wichtigsten Fragen raus und stellen sie Besi im Computerraum. Wir dürfen nächsten Mittwoch bestimmt wieder E-Mails verschicken. Unauffälliger geht's nicht."

Eleonores Vorschlag wurde einstimmig angenommen.

Gleich heute Nachmittag will die Gruppe *Coppa Amore* diese Partner-CD genauer unter die Lupe nehmen.

Wolfram, Leo und Katharina sitzen in der entgegengesetzten Ecke des Klassenzimmers. Sie nennen sich mittlerweile die Gruppe *Viola*. Schließlich war der erste Mann, der ihnen für Besi eingefallen ist, Katharinas Geigenlehrer.

Katharina sieht sich suchend um. „Wo steckt denn Pia?"

„Weiß nicht", sagt Leo besorgt. „Hoffentlich hat sie nicht wieder Angst bekommen. Wegen dem Kettenbrief."

Schon spaziert Pia zur Tür herein. „Na, ihr?", grüßt sie fröhlich in die Runde. „Ich muss euch was zeigen." Sie öffnet ihren Ranzen, zieht einen

Bogen Papier heraus und legt ihn auf den Tisch. „Hab ich gestern als E-Mail bekommen.“

Die drei stecken die Köpfe zusammen. Wolfram hat den Brief am schnellsten gelesen. „He, ist ja klasse!“

„Sylvia ist überhaupt nicht sauer“, sagt Pia.

Pias Freundin ist geradezu begeistert von dem Kettenbrief, den die vier sich am Samstag ausgedacht und ihr dann geschickt haben. Sylvia schreibt, dass sie ebenfalls Schiss bekommen habe – und ein schlechtes Gewissen obendrein. Sie habe nämlich befürchtet, dass auch Pia und alle weiteren Empfänger des Kettenbriefs Angst bekommen würden. Ab sofort werde sie alle Kettenbriefe mit Pias Brief beantworten.

„Eigentlich ist es ja gar nicht mein Brief", sagt Pia zu Wolfram. „War schließlich deine Idee."

„Ist doch egal." Wolfram wendet sich ab, um ebenfalls einen Brief aus der Tasche zu ziehen. „Was haltet ihr von dem?"

Die Kinder beugen sich über den Zettel und lesen:

Liebe Schulbehörde,
wir sind die Klasse 3a der Mühlbergschule und 26 Kinder. Wir wollen alle unsere Lehrerin behalten. Unsere alte Lehrerin war doof und hat dauernd mit uns gestritten. Alle haben uns nur „die schlimmste Klasse der ganzen Schule" genannt. Seit den Ferien haben wir eine neue Lehrerin. Sie hat uns jetzt aber gesagt, dass sie nur eine Vertretung ist, und dass sie vielleicht versetzt wird. Das wollen wir nicht! Frau Besenbinder ist die beste Lehrerin der Welt und muss unbedingt bei uns bleiben. Bitte!

„Da muss noch was dahinter. Mit freundlichen Grüßen, oder so", sagt Katharina.

„Und sonst?“ Wolfram ist nicht sicher, ob die anderen seine Idee genauso gut finden wie er.

„Super!“, lobt Leo, der erst jetzt zu Ende gelesen hat. „Hast du den schon abgeschickt?“

Wolfram schüttelt den Kopf. „Ich finde, wir sollten ihn alle verschicken. Als E-Mail. Die richtige Adresse hab ich auch schon rausgekriegt.“

Pia begreift nicht, was das bringen soll. „Alle 26? Denselben Brief?“

„Verstehe“, sagt Katharina. „Als Kettenbrief.“

„So ähnlich jedenfalls“, antwortet Wolfram. „Wenn ihr das auch gut findet, schick ich den Brief in der nächsten Computerstunde an die ganze Klasse. Dann setzt jeder seinen Namen ein und leitet den Brief weiter.“

„Ob wir das gut finden?“, fragt Katharina. „Ich finde, das ist total klasse!“

Wolfram ist erleichtert, als auch die beiden anderen nicken. „Gut, dann fahren wir ab jetzt zweigleisig. Wir suchen nicht nur einen Mann für Besi, sondern machen den Schulfritzen auch noch mit unseren E-Mails Dampf.“

In einer weiteren Ecke des Klassenzimmers hocken Ulli, Murat, Dragan, Anton und Jana. Missmutig

beobachtet die Fernsehgruppe, wie Wolfram die Hand hebt und seine drei Mitstreiter abklatscht, als hätten sie die Weltmeisterschaft gewonnen.

„Ich hab euch doch gesagt, dass wir uns früher treffen sollen“, motzt Murat, der befürchtet, dass sie das Rennen um einen Mann für Besi bereits in den Wind schreiben können.

Seine Gruppe hat es noch nicht einmal geschafft, sich zu verabreden. Und die anderen Gruppen feiern offenbar schon erste Erfolge.

„Meint ihr, die haben schon einen Mann gefunden?“, fragt Dragan.

„Wo sollen die so schnell einen hernehmen?“, antwortet Ulli. „Aus dem Hut zaubern, oder was?“

„Jedenfalls haben sie alle gute Laune“, mault Murat.

„Lasst euch doch nicht irre machen", sagt Ulli. „Wir treffen uns heute Nachmittag bei Murat und dann ziehen wir unseren Plan durch."

6. Kapitel

Partnershows und Suchmaschinen

„Als Erstes suchen wir die Adressen von solchen Partnershows raus", ergreift Ulli am Nachmittag das Wort.

„In unserer Fernsehzeitung stehen keine Adressen von Shows", sagt Murat.

„Aber im Internet, du Grufti", entgegnet Ulli. „Los, wo steht die Kiste?"

Murat führt Jana, Dragan, Anton und Ulli zum Zimmer seines Bruders. *Vorsicht, Selbstschussanlagen!* steht an der Tür.

„Rührt bloß nichts an", ermahnt Murat die anderen. Okan ist 17 und kann es nicht leiden, wenn Fremde in sein Zimmer kommen. Als Murat die Tür öffnet, ist klar warum. Kraut und Rüben. So ein Zimmer zeigt wohl niemand gerne.

„Beeilung, Leute. Okan kommt bald zurück", drängt Murat.

Ulli setzt sich an den Computer. „Dann wollen wir mal sehen, ob die Suchmaschinen, die Besi uns empfohlen hat, wirklich so gut sind."

Die Lehrerin hat der 3a einige Suchmaschinen speziell für Kinder genannt. Man muss nur einen Begriff eingeben und auf *Suchen* klicken. Schon serviert so eine Suchmaschine alle Seiten im Internet, die etwas mit dem Begriff zu tun haben. Oder auch nicht.

„Ich habe leider nichts gefunden“, liest Ulli das Suchergebnis vor, nachdem er es mit *Bauer sucht Frau* probiert hat. „So ein Mist.“ Als Nächstes versucht er es mit *Herzblatt*, der Sendung, bei der sich Tinas Eltern kennengelernt haben. Mit dem gleichen Ergebnis.

„Aber im Internet, du Grufti“, macht Murat Ullis oberschlaues Gerede von vorher nach.

„Versuch doch mal einen anderen Begriff“, sagt Jana.

„Schlag was vor“, erwidert Ulli.

„Wie wär's mit Ehe? Vielleicht kommt da ja was.“

„Bingo!“, ruft Ulli. „Acht Seiten.“

Nachdem sie sich jedoch die ersten Meldungen für *Ehe* angesehen haben, ist die Enttäuschung der Kinder noch größer. Die Suchmaschine nennt lauter unbrauchbare Seiten. Beim Suchbegriff *Männer* werden gut zwanzig Einträge angeboten. Aber auch mit denen ist nichts anzufangen. Neben einem Artikel über Bartwuchs wird unter anderem auf einen Raubüberfall maskierter Männer hingewiesen.

„Für mich ist das eher eine Findnixmaschine“, mault Anton.

„Seid ihr eigentlich noch ganz gebacken?“, werden die Kinder plötzlich von hinten angeblafft. „Was fällt dir ein, in mein Zimmer zu gehen?“, schnauzt Okan seinen kleinen Bruder Murat an. Er zeigt auf Ulli. „Und was hat der an meinem Computer verloren?“

Murat hebt abwehrend die Arme, als rechne er mit Prügel. „Ich kann es dir erklären, Okan. Wir suchen nur eine Adresse im Internet. Für Besi – um sie zu verheiraten.“

„Hä?“ Nach dem ersten Aufbrausen kommt Okan schnell wieder herunter von seiner Wutwolke. „Was erzählst du da für'n Mist?“

Er flegelt sich auf sein Bett und lässt sich erklären, was die fünf eigentlich vorhaben. Nebenbei stemmt er eine Hantel, um seine Armmuskeln zu trainieren. „Ihr spinnt“, sagt er, nachdem er sich die ganze Geschichte angehört hat. „Und wo ist jetzt euer Problem?“

„Die Suchmaschine findet nichts“, erklärt Ulli.

Okan setzt sich an den Computer. „Kein Wunder, wenn ihr euch mit diesem Kinderkram abgebt. Ihr müsst eine andere Suchmaschine benutzen.“ Seine Finger fliegen über die Tasten. „Was wollt ihr finden?“

„Was über Paarvermittlung im Fernsehen“, antwortet Ulli.

„So was wie *Bauer sucht Frau*?“, fragt Okan.

Alle fünf nicken.

Okan tippt weiter. „So macht man das, ihr Laien“, prahlt er Sekunden später.

„Klasse, Okan, danke“, sagt Murat. „Dürfen wir das noch fertig machen?“

„Ich geb euch zehn Minuten, klar?“ Okan verpasst Murat einen Schlag auf den Hinterkopf. „Das braucht der manchmal“, sagt er zu den anderen und verlässt das Zimmer.

In der Liste, die Okan auf den Bildschirm gezaubert hat, findet Ulli eine Seite, auf der man sich für *Bauer sucht Frau* bewerben kann. „Wie heißt Besi mit Vornamen?“, fragt er die anderen beim Ausfüllen.

„Karoline“, antwortet Jana.

„Geburtsdatum?“ Keine Antwort. „Wie alt ist sie?“

Jana hebt die Schultern. „Ich glaube 28.“

Ulli gibt das Geburtsjahr für eine 28-Jährige und dazu seinen eigenen Geburtstag ein. Als er nach Besis Adresse fragt, meint Jana plötzlich, dass Besi vielleicht sauer werden könnte, wenn sie Post von einem Fernsehsender ins Haus bekommt, die sie gar nicht bestellt hat.

Ulli lässt die Hände sinken. „Ich dachte, wir waren uns einig."

Aber auch die anderen finden, dass sie die Unterlagen lieber erst an eine andere Adresse schicken lassen sollten.

„Dann setzen wir eben deinen Namen und deine Adresse ein", richtet sich Ulli an Jana. „Du bist das einzige Mädchen."

„Meine Eltern finden das bestimmt nicht lustig, wenn ich solche Post bekomme", sagt Jana.

„Lesen die deine Post?", reagiert Ulli empört. „Das würde mein Papa nie machen." Er denkt einen Moment nach. „Dann nehmen wir eben meine Adresse."

„Du bist aber ein Junge", wendet Dragan ein.

„Mensch, das hab ich auch schon gemerkt. Aber tausende Ulrikes auf dieser Welt nennen sich Ulli." Er schickt die Bewerbung los.

Weil Jana mit dem bisherigen Stand der Dinge alles andere als zufrieden ist, geben sie noch andere Begriffe in die Suchmaschine ein, die ihnen zum Thema „Mann für Besi“ einfallen: Partnersuche, Heirat, Hochzeit, Liebe. Sie finden ein Eheinstitut, das die Bewerbungen direkt übers Internet entgegennimmt.

Ulli stöhnt. „Jetzt wollen die auch noch Besis Hobbys wissen.“

„Ich glaube, sie spielt Geige“, sagt Jana unsicher.

Ulli tippt weiter. „Haustiere?“

Ratloses Schweigen.

„Hat sie nie was von erzählt“, antwortet Murat schließlich.

„Vielleicht sollten wir sie beschatten, bevor wir das fertig machen“, schlägt Ulli vor.

„Wir haben nur noch drei Tage“, sagt Anton.

„Na gut, weiter.“ Ulli füllt alles nach bestem Wissen aus. „An wen soll die Post diesmal gehen?“

Keine Antwort.

„Bin ich denn nur von Feiglingen umgeben?“ Erneut tippt er seinen Namen und seine Adresse ein. Klick, ist auch dieser ausgefüllte Fragebogen unterwegs.

7. Kapitel

Putzigs Bestellung

„Nun hören Sie mir mal gut zu!“ Der Hausmeister redet mit einem Mann in grünem Arbeitskittel. „Ich hab das Zeug weder bestellt noch kann ich etwas damit anfangen. Und bevor Sie das nächste Mal hier was abladen, kommen Sie gefälligst ins Sekretariat und geben Bescheid.“

Auf dem Schulgelände steht ein Lastwagen mit der Aufschrift: *Gartenbedarf – heute bestellt, morgen geliefert!* Während der Fahrer versucht, Putzig zu beruhigen, wechselt die Gesichtsfarbe des Hausmeisters von hellrot auf dunkelrot.

„Sehen Sie sich das mal an.“ Der Fahrer hält Putzig das Klemmbrett mit dem Lieferschein hin. „Das alles wurde gestern per E-Mail bestellt. Und jetzt eine ganz einfach Frage: Ist das Ihre E-Mail-Adresse?“ Er zeigt auf den Zettel.

„Ja, schon“, sagt Putzig. „Aber …“

Der Mann im grünen Arbeitskittel schlägt eine Seite um. „Und hier ist unsere Bestätigung, die wir Ihnen geschickt haben. Mit Lieferzeit und

Datum. Das machen wir immer so. Der Kunde kann seine Bestellung überprüfen und Fehler an uns melden – und Sie haben sich nicht mehr gemeldet. Also liefern wir einen Tag später. Wie versprochen."

Während Putzig dem Mann die Unterlagen aus der Hand nimmt, löst sich aus der dicht stehenden Zuschauermenge ein Erstklässler und spaziert zwischen den gelieferten Pflanzen umher. Etwa zwanzig Töpfe mit hohen Gräsern stehen auf dem Rasen. Daneben liegt eine dicke Rolle mit der Aufschrift *Teichfolie*. Ein Stapel Kartons befindet sich noch auf der Laderampe des Lastwagens. Der Junge setzt sich rittlings auf die Rolle. „Du, Herr Putzig, was ist das alles?", fragt er den Hausmeister.

Der Hausmeister fährt herum und schnauzt den Erstklässler an, als hätte er ein Verbrechen begangen: „Verschwinde, du Rotzlöffel! Dich hat keiner was gefragt!“ Der kleine Junge zuckt erschrocken zusammen und fängt an zu weinen. „Und was steht ihr alle rum und glotzt wie die Doofen?“, wendet sich Putzig an den Rest der Zuschauer. „Haut ab!“

Katharina tritt vor. „Schreien Sie ihn gefälligst nicht so an!“, ruft sie wütend. „Er hat nur gefragt!“ Sie geht zu dem Knirps, kniet sich neben ihn und versucht, ihn zu trösten.

Widerspruch kann der Hausmeister erst recht nicht vertragen. „Misch du dich da nicht ein“, empört er sich. „Eine aus der 3a! Natürlich!“ Langsam und bedrohlich nähert er sich Katharina und dem Erstklässler.

Wie auf ein Zeichen hin lösen sich Wolfram, Murat, Ulli, Anton, Oskar, Dragan, Ilona, Stefanie, Pia und Leo aus der Menge und begeben sich in die immer kleiner werdende Lücke zwischen dem Hausmeister und Katharina.

„Los, wir gehen lieber“, sagt Wolfram leise und nimmt die Hand des Kleinen. Katharina nimmt die andere. Mit dem schniefenden Jungen in der

Mitte gehen sie davon. Der Rest der 3a schirmt sie nach hinten ab wie eine Truppe von Leibwächtern. Misstrauisch sehen sie sich alle paar Schritte um. Natürlich wird die Sache ein Nachspiel haben.

Nachdem sie den Jungen in seinem Klassenzimmer abgeliefert haben, wird die Angelegenheit erst einmal heiß diskutiert. Die Kinder regen sich schrecklich über Putzig auf: Erst staucht er den Fahrer zusammen und dann pflaumt er auch noch einen Erstklässler an.

„Dass der Fahrer so ruhig geblieben ist", sagt Eleonore verwundert.

„Dabei hat Putzig das Zeug tatsächlich nicht bestellt", legt Ulli überraschend ein Wort für den Hausmeister ein.

„Wer sonst?", fragt Ilona.

„Die Vierer", behauptet Murat und liefert auch die Erklärung: „Wer will denn einen Schulteich anlegen?"

„Und wie kommt Putzigs E-Mail-Adresse auf die Bestellung?", hakt Katharina nach.

Murat und Ulli sehen einander an.

„Ein Vierer hat am Freitag Putzigs Notizheft gefunden", sagt Ulli.

„Und Putzig ist garantiert blöd genug, sich sein Passwort darin zu notieren", ergänzt Murat.

„Ihr glaubt, die Vierer haben das Zeug für ihren Teich auf Putzigs Namen bestellt?", fragt Stefanie ungläubig.

Ulli nickt.

„Die ticken wohl nicht mehr richtig", schimpft Oskar.

„Ich finde, wir sollten das melden", sagt Frederike leise.

„Von uns erfährt keiner was", meint Murat entschieden. „Ist das klar?"

„Wir können nichts beweisen", stimmt Ulli zu. „Nicht mal, dass Putzigs Passwort im Notizheft steht."

„Kinder, Kinder!", ruft Besi, als sie mit Verspätung ins Klassenzimmer kommt. „Was war denn schon wieder mit dem Hausmeister los?"

„Er hat einen Erstklässler zusammengefaltet", antwortet Katharina, „und ich hab ihn dann getröstet."

„Den Hausmeister?" Mit einem Lächeln gibt Besi zu erkennen, dass sie die Sache nicht ganz so ernst nimmt. „Herr Pelzig behauptet, du hättest ihn angebrüllt."

Katharina bläst die Backen auf. „Kann schon sein, dass ich ein bisschen lauter geredet habe."

Frau Besenbinder zeigt auf Wolfram und Katharina. „Ihr beide geht am Ende der nächsten Pause mit mir zu Herrn Dieckmann, um die Sache zu klären."

„Wieso müssen die beiden ausgerechnet in der Computerstunde zum Schulleiter? Da war wirklich nichts", nimmt Oskar Katharina und Wolfram in Schutz.

„Ihr kennt Herrn Dieckmann", antwortet die Lehrerin. „Er hört sich immer alle Seiten an. Außerdem gehe ich mit."

Der Vorladung selbst können Wolfram und Katharina gelassen entgegensehen. Trotzdem ist Wolfram sauer. Wenn sich das Gespräch mit dem Schulleiter hinzieht, kann er den Brief an die Schulbehörde nicht abschicken.

Auch die Gruppe *Coppa Amore* ist verärgert. Mithilfe ihrer CD haben sie inzwischen einen ganzen Katalog von Fragen ausgewählt. Um Besis Misstrauen vorzubeugen, wollten sie im Rahmen ihrer E-Mail-Befragung behaupten, sie würden ein Lehrerquiz zusammenstellen. Und jetzt ist plötzlich die ganze Aktion gefährdet. Wie sollen sie bis Freitag einen geeigneten Mann finden, wenn sie Besi heute nicht ausfragen können?

8. Kapitel

Der Schlüssel zum Erfolg

„Das war ich nicht“, hören Wolfram, Katharina und ihre Lehrerin den Hausmeister durch die geschlossene Tür.

„Soll ich Bescheid geben, dass Sie schon da sind?“, fragt die Sekretärin.

„Ich glaube, wir sollten lieber warten, bis die beiden fertig sind“, antwortet Frau Besenbinder.

„Und diese Bestätigung hab ich auch nie gesehen!“, dringen Putzigs Worte ins Sekretariat.

„Wie oft überprüfen Sie eigentlich Ihren Posteingang?“, fragt Herr Dieckmann weiter.

Putzigs Antwort kann nicht mal Wolfram verstehen, obwohl er direkt neben der Tür steht. Der Schulleiter jedoch ist einen Augenblick später deutlich zu vernehmen: „Was? Sie haben letzte Woche Ihr Passwort verloren? Und das sagen Sie erst jetzt?“

„Ich war nicht sicher, ob ich mein Notizbuch nur verlegt oder ob ich es wirklich verloren habe“, erwidert der Hausmeister.

Eine Zeit lang herrscht Stille. Wolfram erschrickt, als überraschend die Tür halb geöffnet wird. „Lassen Sie sich helfen, ein neues Passwort einzurichten“, sagt Herr Dieckmann. „Und geben Sie in Zukunft bitte besser darauf acht.“ Er macht die Tür ganz auf. Grußlos geht der Hausmeister an Frau Besenbinder und den Kindern vorbei.

„Ach, ihr seid schon hier. Kommt rein.“ Herr Dieckmann setzt sich hinter seinen Schreibtisch, schließt die Augen und presst mit Daumen und Zeigefinger gegen seine Nasenwurzel. Schließlich schüttelt er kurz den Kopf, als wolle er etwas loswerden.

Dann geht es weiter.

„Könnt ihr mir erklären“, wendet sich Herr Dieckmann an die beiden, „wie Herrn Pelzigs E-Mail-Adresse auf die Bestellung kommt?“

„Ähm – nein“, sagt Wolfram.

„Aus eurer Klasse hat keiner das Notizheft gefunden?“

„Ähm – nein“, sagt Wolfram.

Erneut schüttelt Herr Dieckmann den Kopf. „Und ob diese Lieferung etwas mit dem geplanten Teich der Viertklässler zu tun hat, wisst ihr auch nicht?“ Bevor Wolfram den Mund aufmacht, sagt Herr Dieckmann selbst: „Ähm – nein. Ich weiß. Ein Affenzirkus ist das wieder."

„Wir können wirklich nichts dafür", meldet sich nun Katharina zu Wort. „Ich bin vorhin höchstens ein wenig laut gewesen …"

„Schon gut, Katharina", beruhigt sie der Schulleiter. „Dass du den kleinen Felix in Schutz genommen hast, finde ich sogar prima." Er wendet sich an Wolfram. „Du kennst dich mit Computern aus?"

Wolfram zögert. „Na ja."

„Gib's ruhig zu", sagt Katharina. „Wolfram hat am Samstag ganz allein meinen Computer zusammengebaut und alle Programme eingerichtet und dann auch noch die E-Mail …"

Frau Besenbinder legt Katharina eine Hand auf die Schulter, um sie zu bremsen.

„Ups", sagt sie. „Rede ich zu viel?"

Herr Dieckmann kann sich ein Schmunzeln kaum verkneifen. „Ich bin ziemlich sicher, dass ihr mehr wisst. Und es ehrt euch, dass ihr niemanden verraten wollt. Da ich als Schulleiter aber nicht den Überblick darüber verlieren will, was an meiner Schule vorgeht, schlage ich einen Handel vor."

Wolfram schluckt. Was kommt jetzt?

„Ich habe einen Verdacht, kann aber nichts beweisen. Ich verspreche euch, niemanden zu bestrafen, wenn ihr mir einen Tipp gebt – ganz egal, wie er aussieht. Ich will nur wissen, wer dahintersteckt."

Wolfram und Katharina sehen einander an. Dann blicken beide auf Frau Besenbinder.

„Also", sagt ihre Lehrerin zögernd, „ich finde das Angebot von Herrn Dieckmann fair, aber ihr müsst es nicht annehmen."

„Was meinst du?" Katharina sieht Wolfram fragend an. Ihr selbst würde das Versprechen des Schulleiters genügen, um einen Hinweis zu geben, in welcher Klasse das Notizbuch gelandet ist.

An Wolframs unruhigen Pupillen lässt sich ablesen, dass in seinem Kopf mächtig was los ist. „Kann ich mal die E-Mail mit der Bestellung sehen?"

Herr Dieckmann reicht Wolfram das Blatt.

Nach einem kurzen Blick sagt Wolfram: „Hilft es Ihnen, wenn ich Sie nach der Uhrzeit frage?"

Der Schulleiter nimmt das Blatt zurück und wirft selbst einen Blick darauf. Er steht auf und geht zum Belegungsplan an der Wand. Mit dem

Zeigefinger fährt er über die bunten Markierungen, die außer ihm kaum einer versteht. In der Spalte *Computerraum* bleibt sein Finger auf einem Schildchen mit der Aufschrift *4b* hängen. „So einfach." Er schüttelt den Kopf. „Aber man muss erst darauf kommen. Danke. Und jetzt ab in eure Klasse." Frau Besenbinder allerdings bittet er, noch einen Moment zu bleiben. „Nur ein paar Fragen. Dauert keine fünf Minuten. Na ja, zehn."

Die Kinder sehen einander an. Wenn das bloß nichts Schlimmes bedeutet.

„Dann bekommt der Computerfachmann schon mal die Schlüssel", sagt Frau Besenbinder. „Ich komme gleich nach. Fährst du bitte die Computer hoch, Wolfram?"

„Meinst du, es geht um Besis Versetzung?", fragt Katharina vor der Tür.

„Keine Ahnung", sagt Wolfram. „Los, Beeilung. Wir müssen den Brief verschicken, bevor sie zurück ist."

Sie rennen zum Computerraum.

„Das mit der Uhrzeit hab ich nicht kapiert“, stößt Katharina unterwegs hervor.

„Auf der E-Mail steht, wann sie verschickt wurde“, erwidert Wolfram. „Die Vierer saßen genau zu der Zeit an den Computern.“

„Könnt ihr alle mal herhören?“, ruft Wolfram dem Rest der Klasse zu, als sie um die Ecke kommen. Während er den Raum aufschließt und die Computer startet, erzählt er ohne Punkt und Komma, was er vorbereitet hat: „Ich schick euch jetzt allen eine Mail. Ihr müsst nur euren Namen daruntersetzen und sie an die Adresse in der obersten Zeile weiterleiten.“

Alle nicken.

„Sobald ihr die Mail abgeschickt habt, geht ihr auf *Gesendet* und löscht sie wieder. Ist das klar?“

Wieder keine Einwände. Als die Kinder auf ihren Plätzen sitzen, verschickt Wolfram die E-Mail.

„Ich hab sie!“, ruft einer. „Ich auch!“ – „Ich auch!“

Wolfram geht immer wieder zur Tür und beobachtet von da den Flur. Die meisten kommen auf Anhieb zurecht. Dennoch muss er jeden einzelnen Schritt noch einige Male wiederholen, ehe alle fertig sind. Schließlich ist der Vorgang gelöscht, die Spuren sind komplett beseitigt. Besi wird nichts merken. Wolfram verlässt den Kontrollposten und setzt sich erleichtert an seinen Platz. „Und jetzt bekommt ihr noch einen Brief", verkündet er. „Den haben wir uns am Samstag ausgedacht: Leo, Pia, Katharina und ich. Wenn ihr wieder mal einen Kettenbrief bekommt, könnt ihr den als Antwort verschicken."

Bald sitzen alle kichernd und lachend vor ihren Bildschirmen.

Als Besi endlich in den Computerraum kommt, hat sie ebenfalls ihre Freude am Antikettenbrief.

Am Ende der Computerstunde ist auch die Gruppe *Coppa Amore* versöhnt. Die Kinder wissen jetzt unter anderem, dass Besi Hunde liebt, als Hauptgericht alle möglichen Arten von Spaghetti isst und zum Kaffee Sahnetorte mag. Ihren Urlaub verbringt sie am liebsten in Italien. Sie treibt Sport und war Jugendmeisterin im Weitsprung, Hochsprung und im Hürdenlaufen. Ihr Sternzeichen ist Stier, sie liest Horoskope und ihre Lieblingsblumen sind

rote Nelken. Diese Auskünfte sollten reichen, um einen geeigneten Mann zu finden.

Die anderen Kinder haben den Computerraum bereits verlassen, als Katharina nach vorn geht. „Werden Sie jetzt versetzt?“

„Wie kommst du denn darauf? Ach so, wegen des Gesprächs mit Herrn Dieckmann? Das war nur lästiger Verwaltungskram. Mach dir keine Sorgen.“

„Sie sagen uns aber, wenn Sie was Neues wissen, oder?“

„Aber natürlich. Sofort.“

„Versprochen?“

„Versprochen.“

9. Kapitel

In letzter Minute

„Wieso bekommst du Post von einem Eheinstitut?“, fragt Herr Müller am Donnerstagabend seinen Sohn.

Ulli nimmt den geöffneten Umschlag entgegen. „Du hast ihn aufgemacht? Der ist an mich adressiert!“

„War ein Versehen. Ich hab nur Eheinstitut gelesen und mich gefragt, wo die schon wieder meine Adresse herhaben. Wegen Datenschutz und so.“

„Datenschutz?“

„Man darf nicht einfach an jede Adresse unaufgefordert Sachen schicken. Und wenn ein Eheinstitut an einen Alleinstehenden schreibt, liegt der Verdacht nahe, dass etwas nicht mit rechten Dingen zugeht.“

„Du bist nicht alleinstehend, du hast mich“, wendet Ulli ein. „Und außerdem verstößt du selbst gegen diesen Datendingsbums, wenn du meine Post liest.“

„Das nennt man Briefgeheimnis“, erwidert Herr Müller. „Tut mir leid. Aber wieso schreiben die dir überhaupt? Und wieso bist du plötzlich 28 Jahre alt?“

Ulli zögert. Dann fällt ihm eine Antwort ein: „Das war ein Versuch. Wir waren im Internet und haben E-Mails verschickt.“

„An ein Eheinstitut? Im Unterricht? Ich glaube, ich muss mal mit Frau Besenbinder reden.“

„Papa, das ist total harmlos.“ Ulli setzt seinen treuen Dackelblick auf und verschwindet in sein Zimmer, um endlich den Brief zu lesen. Die Enttäuschung ist allerdings groß. Bevor es einen Mann für Besi herausrückt, will das Eheinstitut erst einmal Geld sehen. Ulli lässt sich entmutigt aufs Bett sinken. Vom Fernsehen hat sich auch noch niemand gemeldet. Totale Pleite. Hoffentlich verzichtet wenigstens sein Vater auf ein Gespräch mit Besi. Oder aber … Ulli steht wieder auf. Ein Blitzgedanke! Schnell kehrt er zu seinem Vater in die Küche zurück. „Du, ähm, Papa? Morgen ist so eine Art Elternabend. Um 18:00 Uhr im *Dolomiti*.“

„Morgen?“, fragt Herr Müller. „Das sagst du mir erst jetzt?“

„Entschuldigung“, nuschelt Ulli. „Hab’s vergessen. – Ach, noch was. Naomi hat vorgeschlagen, dass jeder eine rote Nelke mitbringt. Als Überraschung für Besi.“

„Ich werde sehen, ob ich es noch einrichten kann.“

„Er kommt!“, verkündet Stefanie am selben Abend triumphierend am Telefon.

„Wer kommt?“, fragt Oskar ein wenig begriffsstutzig.

„Herr Hammerschmied, mein Trainer“, sagt Stefanie. „Er kommt morgen mit roter Nelke um 18:00 Uhr ins *Dolomiti*, um Besi kennenzulernen.“

Nach sorgfältiger Auswertung der Antworten hat die Gruppe *Coppa Amore* in der verbleibenden Zeit fieberhaft nach dem passenden Mann gefahndet. Die Wahl ist schließlich auf Stefanies Leichtathletiktrainer gefallen: Er ist sportlich, hat einen Hund, isst gerne Spaghetti und hat einen Italienaufkleber auf seinem Auto. Außerdem sieht er klasse aus, findet Stefanie. Nur sein Sternzeichen hat sie nicht herausbekommen. Irgendwann fing Herr Hammerschmied nämlich an, sich über ihre vielen Fragen während des Trainings zu wundern.

„Und er will sie heiraten?“, fragt Oskar.

„Erst mal hab ich ihm nur erzählt, dass Besi sich überlegt, eine Leichtathletikgruppe zu trainieren.“

„Das ist doch gelogen“, sagt Oskar.

„Eine Notlüge“, wehrt sich Stefanie. „Nur zu ihrem Besten. Herr Hammerschmied meint, ein Gespräch könnte nicht schaden.“

„Und jetzt?“, hakt Oskar nach.

„Nichts ‚und jetzt‘. Wir gewinnen: Besi bekommt einen Mann, maßgeschneidert am Computer. Und sie wird nicht versetzt. Rufst du bitte bei Ilona und Naomi an? Ich sag noch Eleonore Bescheid.“

„Mach ich.“ So richtig überzeugt klingt Oskar nicht. „Bis morgen.“

„Wir haben einen“, verkündet Katharina am Freitagmorgen Wolfram, Leo und Pia.

„Wir haben einen was?“, fragt Wolfram.

„Einen Mann für Besi“, antwortet Katharina. „Herr Viola, mein Geigenlehrer, kommt heute Abend ins *Dolomiti*. Natürlich hab ich ihn noch

Baue dir deinen Traummann am Computer!
zurück

nicht gefragt, ob er sie heiratet. Aber er sucht Schülerinnen. Und wenn sie sich erst mal kennen, wird es schon funken ..."

„Damm, damm, dadaaa – damm, damm, dadaaa", stimmen Leo und Pia den Hochzeitsmarsch an.

„Eine rote Nelke bringt er auch mit", sagt Katharina.

„Wieso das denn?", fragt Leo.

„Rote Nelken sind Besis Lieblingsblumen", erklärt Katharina. „Das haben die *Coppa Amore*-Leute herausgefunden. „Herrn Viola hab ich erzählt, dass ich heute Abend keine Zeit hab, die beiden einander vorzustellen, und Besi ihn dann an der Nelke erkennen kann."

„Ganz schön schlau", sagt Wolfram anerkennend.

„Woher weiß Besi eigentlich, dass sie heute Abend im *Dolomiti* erwartet wird?", stellt Pia eine nicht ganz unwichtige Frage.

„Oh Schreck", sagt Katharina. Sie selbst übernimmt die Aufgabe, Besi ins *Dolomiti* zu locken, und geht nach der letzten Stunde noch einmal nach vorn zu ihrer Lehrerin.

Fast die komplette Klasse wartet mit Spannung am üblichen Treffpunkt bei den Büschen auf Neuigkeiten.

„Und?“, rufen Katharina mehrere Kinder schon von Weitem entgegen.

„Weiß nicht“, antwortet sie betreten.

„Was ist los?“ – „Was hast du ihr gesagt?“ – „Mach’s nicht so spannend!“, geht es durcheinander.

„Ich hab ihr erzählt, dass mich mein Geigenlehrer um sechs ins *Dolomiti* zum Eisessen eingeladen hat. Und dass er sie gerne kennenlernen würde, weil er noch nach neuen Schülerinnen sucht.“

„Und?“

„Sie weiß nicht, ob sie abends noch weg will. Sie hat heute Nachmittag einen Termin. Es geht um ihre Anstellung.“

„Was?“ – „Ausgerechnet heute?“ – „Das gibt’s doch nicht!“ – „Können die nicht wenigstens bis nächste Woche warten?“ – „Dann war alles umsonst.“

Eine Zeit lang schweigen alle betreten.

„Hast du sie gefragt, ob sie schon was weiß?“, bricht Ilona die Stille.

„Ich soll mir wieder mal keine Sorgen machen. Es würde schon alles gut gehen. – Und wenn sie nicht zu müde ist, schaut sie heute Abend noch vorbei."

10. Kapitel

Drei Männer für Besi

An diesem Freitagabend werden ungewöhnlich viele Eltern von ihren Kindern gefragt, ob sie sich noch schnell ein Eis holen dürfen. Die meisten bekommen die Erlaubnis. Nach und nach trudelt fast die ganze 3a im *Dolomiti* ein.

„Wisst ihr, wer vorhin hier war?", fragt Naomi, als kurz vor sechs die Ersten ankommen.

„Der Nikolaus?", sagt Ulli.

„Quatsch. Herr Gerhard mit der 4b."

„Sehr spannend." Ulli tut so, als müsste er gähnen.

„Die sahen aus wie Schweine", erzählt Naomi weiter.

„Und?" Anton grinst. „Ist doch normal."

„Die haben mit der Grube für den Teich angefangen – ganz allein. Erst war ja so ein Minibagger vorgesehen, aber Herr Dieckmann hat gesagt, dass wegen der riesigen Rechnung fürs Material kein Geld mehr übrig sei.

Die kamen auf dem Zahnfleisch daher und hatten alle Blasen an den Händen."

Wolfram nickt. „Die Rache unseres Schulleiters kann fürchterlich sein." Er erahnt die Hintergründe für die anstrengende Handarbeit der 4b.

Die meisten kaufen sich ein Eis und setzen sich auf die Wiese gegenüber. Die drei Gruppen, die versucht haben, einen Mann für Besi aufzutrei-

ben, sind allerdings viel zu neugierig, um sich so weit zu entfernen. Sie nehmen an den blank polierten Außentischen des Eiscafés Platz.

Pünktlich um 18:00 Uhr taucht Ullis Vater auf. Hinter seinem Rücken hält er eine rote Nelke. „Hast du nicht was von einem Elternabend gesagt?“, fragt er Ulli. „Sieht eher aus wie ein Klassentreffen.“

Bevor Ulli antworten kann, kommt Naomis Mutter aus dem Eiscafé. „Herr Müller! Welche Überraschung! Sie sind also der geheimnisvolle Gast.“

Ullis Vater schaut Naomis Mutter zweifelnd an, dann dreht er sich zu seinem Sohn um. „Ulli?“

„Das ist so eine Art Rätsel, Papa. Es wäre wirklich total klasse, wenn du mitspielst.“ Er senkt schnell den Blick und stochert unschuldig in seinem Eis. Aus den Augenwinkeln bekommt er mit, wie Naomis Mutter seinen Vater an den reservierten Tisch nach drinnen schleppt.

„He, wir haben gewonnen!“, jubelt Jana. „Dein Papa ist der Erste.“

Ulli zuckt mit den Schultern. „Die eine oder andere Frage werde ich heute Abend wohl beantworten müssen“, sagt er zerknirscht.

„Papas zählen sowieso nicht“, meint Oskar. „Außerdem ist deiner für Besi viel zu alt. Und zu dick.“

„Hör mal“, verteidigt Ulli seinen Vater. „Es geht ja wohl nicht nur ums Äußere.“

„Achtung“, sagt Stefanie leise. Ein Schrank von einem Mann steuert auf ihren Tisch zu.

„Hallo, Stefanie!“, grüßt der Schrank. „Dann verrate mir doch mal, wo ich die hier loswerde.“ Er deutet auf eine einzelne Nelke, die in seiner Pranke aussieht wie ein zartes, rotes Gänseblümchen.

Auch Stefanie hat den Tipp mit Besis Lieblingsblume weitergegeben. „Im Eiscafé“, erwidert sie verlegen.

„Noch ein Nelkenmann?“, fragt Naomis Mutter die Kinder. „Was hat denn das zu bedeuten?“

„Gehört alles zur Überraschung, Mama“, springt Naomi ein. „Der Tisch ist doch groß genug.“

Zwar kann auch Stefanies Trainer seine Verwunderung nicht verbergen, doch lässt er sich von Naomis Mutter zu Herrn Müller bringen. Durchs Fenster beobachten die Kinder, wie sich die Männer drinnen bekannt machen.

„Fehlt nur noch Katharinas Geigenfritze“, flüstert Leo.

Katharina schüttelt den Kopf und zeigt zur Bushaltestelle. Mit einer roten Nelke überquert Herr Viola die Straße. „Tut mir leid, hab mich verspätet“, begrüßt er Katharina, ohne sich zu wundern, dass sie hier ist. „Der Bus ist mir vor der Nase weggefahren.“

Seine Schülerin ringt sich ein Lächeln ab. „Frau Besenbinder ist sowieso noch nicht hier. Aber am Tisch da drinnen warten noch zwei Herren auf sie. Wenn Sie vielleicht einen Moment …“

„Kein Problem. Ich hab heute sonst nichts mehr vor“, sagt Herr Viola und verzieht sich freiwillig, um die beiden anderen Kandidaten zu begrüßen.

Ulli macht sich Sorgen um die Stimmungslage seines Vaters. „Musstest du ihn unbedingt auch noch reinschicken?“

Bevor Katharina antworten kann, kommt Naomis Mama an ihren Tisch. „Telefon für dich, Katharina. Frau Besenbinder.“

Voller Verwunderung nimmt Katharina das Telefon entgegen. „Ja, hallo? – Ähm, zufällig ist so ziemlich die ganze Klasse hier. – Ja, bis nachher.“ Sie beendet das Gespräch.

„Und?“ – „Was hat sie gesagt?“

„Nichts. Nur, dass wir warten sollen. Sie kommt gleich.“

11. Kapitel

Löffel für alle

„Hallo, Kinder! Seid ihr etwa auch von Frau Besenbinder herbestellt worden?“, fragt plötzlich Herr Dieckmann in die Runde. Mit dem Schulleiter hat wirklich niemand gerechnet. Die Kinder sehen ihn verwundert an. Er setzt sich zu ihnen, bestellt ein Eis und plaudert augenzwinkernd von den Viererrn, die heute wirklich hart gearbeitet hätten. „Vielleicht kann ich nächste Woche ja doch noch den Minibagger bestellen.“

Dann kommt Besi. Sie macht ein Gesicht wie tausend Jahre Regenwetter. Niedergeschlagen senken die Kinder die Köpfe. An den Tischen wird es still.

„Ich habe Katharina versprochen, euch sofort mitzuteilen, wenn es was Neues gibt“, sagt Besi, ohne sich zu setzen. „Die Leute in der Schulbehörde haben mich gefragt, ob meine Klasse nichts Besseres zu tun hat, als 26-mal dieselbe E-Mail zu verschicken. Und ob wir uns auch mal mit etwas beschäftigen könnten, was mit richtigem

Unterricht zu tun hat." Ihr Gesicht hellt sich auf. „Guckt doch nicht so. War nur ein Witz! Die fanden eure Aktion richtig toll. Kurz und knapp: Ihr werdet mich bis zum Ende der vierten Klasse nicht mehr los." Dann strahlt sie mit der Abendsonne um die Wette.

Es dauert einige Sekunden, bis die Kinder begreifen, dass ihnen Besi erhalten bleibt. Mitten in den ausbrechenden Jubel kommt ein Mann hinzu. Mit einem riesigen Strauß roter Nelken. Er steuert direkt auf Besi zu.

„Darf ich vorstellen: Herr Schaufelberger, mein – ähm – Verlobter", sagt Frau Besenbinder.

„Verlobter?", fragt der Mann verblüfft. „Ich denke, wir feiern deine Festanstellung?"

„Wenn schon feiern, dann richtig!", ruft sie und fällt ihm um den Hals. „Du kriegst mich jetzt auch nicht mehr los!"

Ulli ist fassungslos. „Und wir kaspern uns hier einen ab."

„Was meinst du denn damit, Ulli?", fragt Besi.

Einmal mehr ist Ulli überrascht, was seine Lehrerin alles hört. „War nicht so wichtig."

Längst hat die Neugier auch die drei Kandidaten nach draußen getrieben. Einer nach dem

anderen überreicht der überraschten Lehrerin seine Nelke.

„Im Augenblick scheint mein Anliegen wohl nicht so wichtig", sagt Herr Viola. „Ich gebe Ihnen meine Karte. Sie können mich jederzeit anrufen."

Besi versteht nicht. Sie wirft einen verwunderten Blick auf die Karte. „Ach, die Geigenstunden. Wir reden ein anderes Mal darüber, ja?"

„Herzlichen Glückwunsch", sagt Herr Hammerschmied. „Ich sehe ein, dass Sie nach so einer Nachricht nicht unbedingt über Trainingsgruppen sprechen wollen."

„Trainingsgruppen? – Drei Männer mit Nelken, von denen ich gerade mal einen kenne. Herr Müller, wie komme ich zu der Ehre?", wendet sich Besi an Ullis Vater.

„Tja, Frau Besenbinder", erwidert der.

„Papa", raunt Ulli flehend. „Bitte nicht jetzt." Für einen Augenblick ist er fest davon überzeugt, dass sich sein Vater vor allen Leuten bei Besi beschweren will.

„Für wie trottelig hältst du mich eigentlich? Wir sprechen uns zu Hause", sagt Herr Müller zu Ulli und wendet sich wieder an die Lehrerin.

„Erst einmal herzlichen Glückwunsch! Im Namen aller Eltern kann ich sagen, dass wir froh sind, dass Sie bleiben."

Das ganze Eiscafé jubelt. Naomis Mutter kommt nach draußen. „Wem soll ich denn jetzt den *Coppa Amore* servieren?", ruft sie in die Menge. Alle Blicke richten sich auf das frisch verlobte Paar.

„*Coppa Amore*?", fragt Besi. „Jetzt verstehe ich überhaupt nichts mehr. Ich glaube, Kinder, ihr müsst mir in den nächsten Tagen so einiges erklären."

„Mir bitte auch." Naomis Mutter macht auf dem Absatz kehrt, um den riesigen Eisbecher zu holen.

„Und Löffel für alle!", ruft Ulli hinter ihr her.

Aber das will Herr Dieckmann dem frisch verlobten Paar ersparen. Er folgt Naomis Mutter ins Lokal, um zur Feier des Tages eine Runde Eis zu spendieren.

Leseprobe aus:

Werner Färber, Total klasse! Klassenfahrt mit Stolpersteinen

Schulausgabe erschienen im
Hase und Igel Verlag, Garching b. München
ISBN 978-3-86760-084-2
Begleitmaterial für Lehrkräfte
ISBN 978-3-86760-384-3

Frau Besenbinder steigt mit Xaver aus und führt ihn über den Burghof, damit er ein wenig frische Luft schnappen kann. Der Rest der 3a wird von einem regelrechten Empfangskomitee begrüßt. Hausmeister Griesberg, ein Zivildienstleistender und die Köchin heißen die Kinder auf Burg Borkenstein willkommen.

Und auch Anna Buchholz, eine Studentin, die während der Vorbereitungszeit schon zweimal in der Klasse war, erwartet die Kinder im Burghof. Anna ist mit dem eigenen Auto gekommen und wird Besi während des Aufenthalts unterstützen.

„Nehmt bitte eure Koffer und Taschen“, fordert sie die Kinder auf. „Ich zeige euch, wo ihr schlafen werdet. Wir haben ja schon in der Schule besprochen, wer mit wem ein Zimmer teilt.“

Über eine breite, abgetretene Holztreppe gelangen die Kinder in den ersten Stock. Dort gibt es zwei Zimmer mit jeweils fünf Betten. Eleonore, Naomi, Jana, Stefanie und Ilona nehmen das erste, Tina, Pia, Leo, Wolfram und Katharina quartieren sich im zweiten ein. Frau Besenbinders Zimmer liegt dazwischen. Das Fünferzimmer im nächsten Stockwerk wird von Qadir, Ulli, Ralf, Oskar und Gerit belegt. Im Sechserzimmer von Frederike, Corinna, Yvonne, Vicky und Hanna bleibt ein Bett frei. Die Studentin schläft im Dachgeschoss. Das danebenliegende Sechserzimmer wird von Benno, Anton, Zacharias, Murat und Dragan gestürmt.

„He, Mann, total klasse!“, ruft Zacharias, als er ans Fenster tritt.

Von hier oben hat man einen fantastischen Blick über das gesamte Tal und auf den Burghof direkt unter ihnen.

„Da unten sind Besi und Üppig“, sagt Murat.

„Arme Sau“, meint Dragan bedauernd. „Meinem Bruder ist früher auch oft schlecht geworden.“

Anton kennt kein Mitleid. „Üppig ist doch selber schuld, wenn er immer so viel frisst.“

Vom Fenster aus können sie beobachten, wie der Reisebus durch das enge Tor den Hof verlässt. Besi verabschiedet winkend die Fahrerin und schlendert mit Xaver zu ihrem Gepäck. Was die beiden dort unten reden, bekommen die Jungen im Dachgeschoss natürlich nicht mit.

„Geht's wieder?", erkundigt sich Frau Besenbinder.

Xaver nickt, obwohl er noch immer ein wenig zittrig ist. Im Vergleich zu vorhin fühlt er sich allerdings wieder blendend.

„Wollen wir rein?", fragt Besi.

„Ja", krächzt Xaver heiser. Sein Hals fühlt sich von innen an wie ein Reibeisen.

Als sie ins Zimmer von Oskar, Gerit, Ulli, Ralf und Qadir kommen, sind dort alle Betten belegt. Das war so nicht abgesprochen. Letzte Woche haben sie auf Qadirs Geburtstag vereinbart, dass sie auf Burg Borkenstein ein Sechserzimmer haben wollen. Weil Xaver noch unten im Hof war, hat ihnen Anna offenbar versehentlich ein Fünferzimmer zugeteilt. Dafür hat sie das Sechserzimmer mit fünf Mädchen belegt. Mit fünf Mädchen will Xaver jedoch auf keinen Fall untergebracht sein.

„Da hat Anna wohl was verwechselt“, meint Besi zu den Mädchen. „Ich fürchte, ihr müsst noch mal tauschen.“

„Was?“ – „Nein!“ – „Bitte nicht!“ – „Wir haben doch schon eingeräumt!“, rufen alle durcheinander.